Théo le chat

Catalogage avant publication de Bibliothèque et Archives Canada

Gély, Emmanuelle, 1980-

    Théo le chat

    (Les p'tites heures)
    Pour enfants de 2 à 5 ans.

    ISBN 2-922265-35-8

1. Chats - Ouvrages pour la jeunesse. 2. Chats - Ouvrages illustrés - Ouvrages pour la jeunesse.
I. Titre. II. Collection: P'tites heures.

SF445.7.G44 2005   j636.8   C2005-941708-0

Typographie et mise en pages : Étienne Lavallée

Distribution pour le Canada :   **LES HEURES BLEUES**
Diffusion Dimedia   C.P. 219, Succ. De Lorimier
539, boul. Lebeau   Montréal
Saint-Laurent (Québec) H4N 1S2   H2H 2N6

Dépôt légal – Bibliothèque et Archives nationales du Québec, 2006

Les Heures bleues reçoivent pour leur programme de publication l'aide du Conseil des Arts du Canada et de la Société de développement des entreprises culturelles du Québec (SODEC). Les Heures bleues bénéficient du Programme de crédit d'impôt pour l'édition de livres du Gouvernement du Québec, géré par la SODEC.

Société de développement des entreprises culturelles
Québec ✚✚ / ✚✚

Conseil des Arts du Canada

Emmanuelle Gély

Théo le chat

Les heures
bleues

Comme tous les chats,

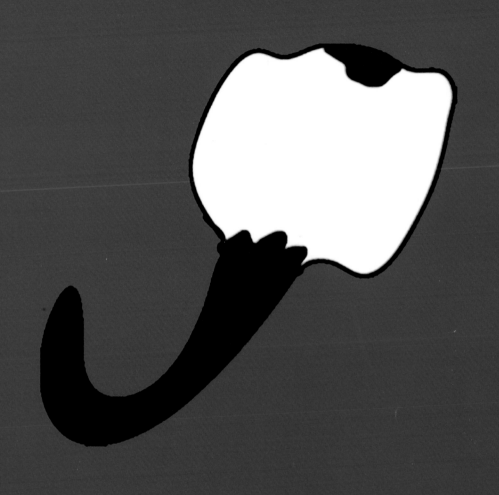

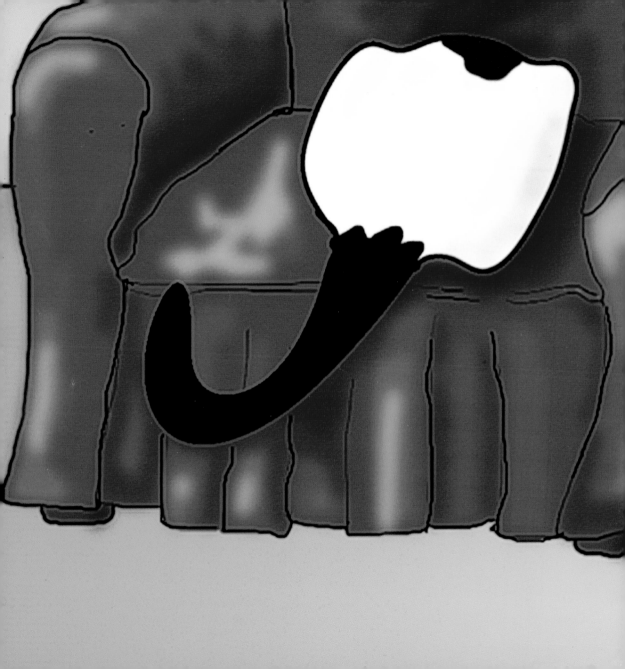

je dors beaucoup.

On dit souvent que
j'ai une drôle de tête

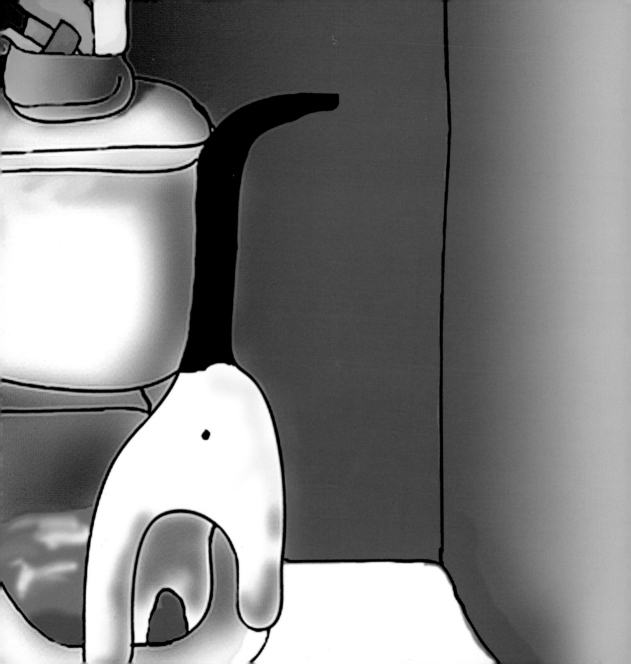

et de drôles d'habitudes.

J'aime beaucoup me cacher,

surtout sous l'évier de la cuisine
où mes maîtres rangent les casseroles.

Je m'installe toujours
dans le même plat vert

où je reste dans le noir à rêver.

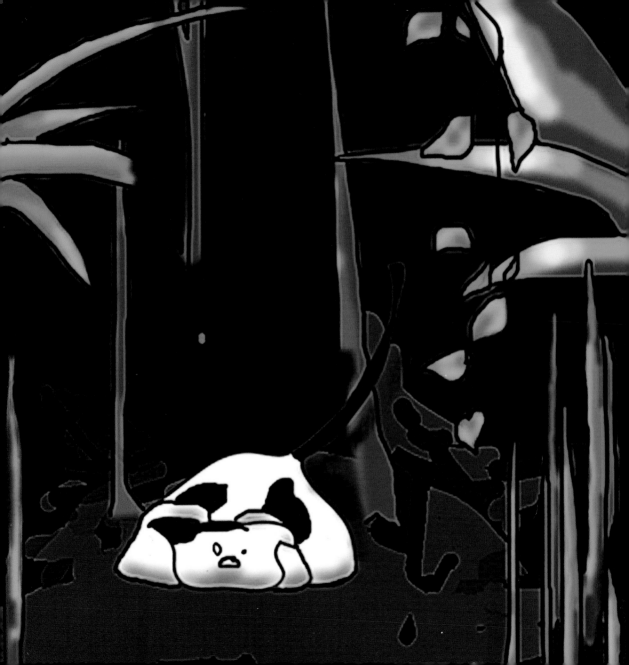

Je m'imagine dans des forêts tropicales,

entre les jambes d'enfants
qui me caressent,

ou en pirate sur mon bateau.

Puis, je ressors sans bruit,

et une fois endormi,
je poursuis d'autres rêves.